心一堂術

數古籍珍

本叢刊

書名：現代簡易相法

系列：心一堂術數古籍珍本叢刊 相術類 第三輯 321

作者：韋千里

主編、責任編輯：陳劍聰

心一堂術數古籍珍本叢刊編校小組：陳劍聰 素聞 鄒偉才 虛白盧主 丁鑫華

出版：心一堂有限公司

通訊地址：香港九龍旺角彌敦道六一○號荷李活商業中心十八樓○五十○六室

深港讀者服務中心‧中國深圳市羅湖區立新路六號羅湖商業大廈負一層○○八室

電話號碼：(852)9027-7110

網址：publish.sunyata.cc

電郵：sunyatabook@gmail.com

網店：http://book.sunyata.cc

淘寶店地址：https://sunyata.taobao.com

微店地址：https://weidian.com/s/1212826297

臉書：https://www.facebook.com/sunyatabook

讀者論壇：http://bbs.sunyata.cc/

平裝

版次：二零二零年七月初版

國際書號：ISBN 978-988-8583-26-3

定價： 港幣 一百二十八元正

新台幣 四百九十八元正

版權所有 翻印必究

香港發行：香港聯合書刊物流有限公司

地址：香港新界大埔汀麗路36號中華商務印刷大廈3樓

電話號碼：(852)2150-2100

傳真號碼：(852)2407-3062

電郵：info@suplogistics.com.hk

台灣發行：秀威資訊科技股份有限公司

地址：台灣台北市內湖區瑞光路七十六巷六十五號一樓

電話號碼：+886-2-2796-3638

傳真號碼：+886-2-2796-1377

網絡書店：www.bodbooks.com.tw

台灣秀威書店讀者服務中心：

地址：台灣台北市中山區松江路二○九號一樓

電話號碼：+886-2-2518-0207

傳真號碼：+886-2-2518-0778

網絡書店：http://www.govbooks.com.tw

中國大陸發行 零售：深圳心一堂文化傳播有限公司

深圳地址：深圳市羅湖區立新路六號羅湖商業大廈負一層○○八室

電話號碼：(86)0755-82224934

心一堂微店二維碼

心一堂淘寶店二維碼

心一堂術數古籍 珍本 整理 叢刊 總序

術數定義

術數,大概可謂以「推算(推演)、預測人(個人、群體、國家等)、事、物、自然現象、時間、空間方位等規律及氣數,並或通過種種『方術』,從而達致趨吉避凶或某種特定目的」之知識體系和方法。

術數類別

我國術數的內容類別,歷代不盡相同,例如《漢書·藝文志》中載,漢代術數有六類:天文、曆譜、五行、蓍龜、雜占、形法。至清代《四庫全書》,術數類則有:數學、占候、相宅相墓、占卜、命書、相書、陰陽五行、雜技術等,其他如《後漢書·方術部》、《藝文類聚·方術部》、《太平御覽·方術部》等,對於術數的分類,皆有差異。古代多把天文、曆譜、及部分數學均歸入術數類,而民間流行亦視傳統醫學作為術數的一環;此外,有些術數與宗教中的方術亦往往難以分開。現代民間則常將各種術數歸納為五大類別:命、卜、相、醫、山,通稱「五術」。

本叢刊在《四庫全書》的分類基礎上,將術數分為九大類別:占筮、星命、相術、堪輿、選擇、三式、讖諱、理數(陰陽五行)、雜術(其他)。而未收天文、曆譜、算術、宗教方術、醫學。

術數思想與發展——從術到學,乃至合道

我國術數是由上古的占星、卜筮、形法等術發展下來的。其中卜筮之術,是歷經夏商周三代而通過「龜卜、蓍筮」得出卜(筮)辭的一種預測(吉凶成敗)術,之後歸納並結集成書,此即現傳之《易

經》。經過春秋戰國至秦漢之際，受到當時諸子百家的影響、儒家的推崇，遂有《易傳》等的出現，原本是卜筮術書的《易經》，被提升及解讀成有包涵「天地之道（理）」之學。因此，《易・繫辭傳》曰：「易與天地準，故能彌綸天地之道。」

漢代以後，易學中的陰陽學說，與五行、九宮、干支、氣運、災變、律曆、卦氣、讖緯、天人感應說等相結合，形成易學中象數系統。而其他原與《易經》本來沒有關係的術數，如占星、形法、選擇，亦漸漸以易理（象數學說）為依歸。《四庫全書・易類小序》云：「術數之興，多在秦漢以後。要其旨，不出乎陰陽五行，生尅制化。實皆《易》之支派，傅以雜說耳。」至此，術數可謂已由「術」發展成「學」。

及至宋代，術數理論與理學中的河圖洛書、太極圖、邵雍先天之學及皇極經世等學說給合，通過術數以演繹理學中「天地中有一太極，萬物中各有一太極」（《朱子語類》）的思想。術數理論不單已發展至十分成熟，而且也從其學理中衍生一些新的方法或理論，如《梅花易數》、《河洛理數》等。

在傳統上，術數功能往往不止於僅僅作為趨吉避凶的方術，及「能彌綸天地之道」的學問，亦有其「修心養性」的功能，「與道合一」（修道）的內涵。《素問・上古天真論》：「上古之人，其知道者，法於陰陽，和於術數。」數之意義，不單是外在的算數、歷數、氣數，而是與理學中同等的「道」、「理」──心性的功能，北宋理氣家邵雍對此多有發揮：「聖人之心，是亦數也」、「萬化萬事生乎心」、「心為太極」。《觀物外篇》：「先天之學，心法也。……蓋天地萬物之理，盡在其中矣，心一而不分，則能應萬物。」反過來說，宋代的術數理論，受到當時理學、佛道及宋易影響，認為心性本質上是等同天地之太極。天地萬物氣數規律，能通過內觀自心而有所感知，即是內心也已具備有術數的推演及預測、感知能力；相傳是邵雍所創之《梅花易數》，便是在這樣的背景下誕生。

《易・文言傳》已有「積善之家，必有餘慶；積不善之家，必有餘殃」之說，至漢代流行的災變說及讖緯說，我國數千年來都認為天災，異常天象（自然現象），皆與一國或一地的施政者失德有關；下

至家族、個人之盛衰，也都與一族一人之德行修養有關。因此，我國術數中除了吉凶盛衰理數之外，人心的德行修養，也是趨吉避凶的一個關鍵因素。

術數與宗教、修道

在這種思想之下，我國術數不單只是附屬於巫術或宗教行為的方術，又往往是一種宗教的修煉手段：通過術數，以知陰陽，乃至合陰陽（道）。「其知道者，法於陰陽，和於術數。」例如，「奇門遁甲」術中，即分為「術奇門」與「法奇門」兩大類。「法奇門」中有大量道教中符籙、手印、存想、內煉的內容，是道教內丹外法的一種重要外法修煉體系。甚至在雷法一系的修煉上，亦大量應用了術數內容。此外，相術、堪輿術中也有修煉望氣（氣的形狀、顏色）的方法；堪輿家除了選擇陰陽宅之吉凶外，也有道教中選擇適合修道環境（法、財、侶、地中的地）的方法，以至通過堪輿術觀察天地山川陰陽之氣，亦成為領悟陰陽金丹大道的一途。

易學體系以外的術數與的少數民族的術數

我國術數中，也有不用或不全用易理作為其理論依據的，如揚雄的《太玄》、司馬光的《潛虛》。也有一些占卜法、雜術不屬於《易經》系統，不過對後世影響較少而已。

外來宗教及少數民族中也有不少雖受漢文化影響（如陰陽、五行、二十八宿等學說。）但仍自成系統的術數，如古代的西夏、突厥、吐魯番等占卜及星占術，藏族中有多種藏傳佛教占卜術、苯教占卜術；北方少數民族有薩滿教占卜術；不少少數民族如水族、白族、布朗族、佤族、彝族、苗族等，皆有占雞（卦）草卜、雞蛋卜等術，納西族的占星術、占卜術，彝族畢摩的推命術、占卜術……等等，都是屬於《易經》體系以外的術數。相對上，外國傳入的術數以及其理論，對我國術數影響更大。

曆法、推步術與外來術數的影響

我國的術數與曆法的關係非常緊密。早期的術數中，很多是利用星宿或星宿組合的位置（如某星在某州或某宮某度）付予某種吉凶意義，并據之以推演，例如歲星（木星）、月將（某月太陽所躔之宮次）等。不過，由於不同的古代曆法推步的誤差及歲差的問題，若干年後，其術數所用之星辰的位置，已與真實星辰的位置不一樣了；此如歲星（木星），早期的曆法及術數以十二年為一周期（以應地支），與木星真實周期十一點八六年，每幾十年便錯一宮。後來術家又設一「太歲」的假想星體來解決，是歲星運行的相反，週期亦剛好是十二年。而術數中的神煞，很多即是根據太歲的位置而定。又如六壬術中的「月將」，原是立春節氣後太陽躔娵訾之次，當時沈括提出了修正，但明清時六壬術中「月將」仍然沿用宋代的假想星象及神煞系統。唐以後，我國絕大部分術數都主要沿用這一系統，也出現了不少完全脫離真實星象的術數，如《子平術》、《紫微斗數》、《鐵版神數》等。後來就連一些利用真實星辰位置的術數，如《七政四餘術》及選擇法中的《天星選擇》，也已與假想星象及神煞混合而使用了。

隨着古代外國曆（推步）、術數的傳入，如唐代傳入的印度曆法及術數，元代傳入的回回曆等，其中我國占星術便吸收了印度占星術中羅睺星、計都星等而形成四餘星，又通過阿拉伯占星術而吸收了其中來自希臘、巴比倫占星術的黃道十二宮、四大（四元素）學說（地、水、火、風），並與我國傳統的二十八宿、五行說、神煞系統並存而形成《七政四餘術》。此外，一些術數中的北斗星名，不用我國傳統的星名：天樞、天璇、天璣、天權、玉衡、開陽、搖光，而是使用來自印度梵文所譯的：貪狼、巨

由於以真實星象周期的推步術是非常繁複，而且古代星象推步術本身亦有不少誤差，大多數術數除依曆書保留了太陽（節氣）、太陰（月相）的簡單宮次計算外，漸漸形成根據干支、日月等的各自起例，以起出其他具有不同含義的眾多假想星象及神煞系統。唐宋以後，我國絕大部分術數都主要沿用這一系統，也出現了不少完全脫離真實星象的術數，如《子平術》、《紫微斗數》、《鐵版神數》等。後來就連一些利用真實星辰位置的術數，如《七政四餘術》及選擇法中的《天星選擇》，也已與假想星象

門、祿存、文曲、廉貞、武曲、破軍等，此明顯是受到唐代從印度傳入的曆法及占星術所影響。如星命術中的《紫微斗數》及堪輿術中的《撼龍經》等文獻中，其星皆用印度譯名。及至清初《時憲曆》，置閏之法則改用西法「定氣」。清代以後的術數，又作過不少的調整。

此外，我國相術中的面相術、手相術，唐宋之際受印度相術影響頗大，至民國初年，又通過翻譯歐西、日本的相術書籍而大量吸收歐西相術的內容，形成了現代我國坊間流行的新式相術。

陰陽學——術數在古代、官方管理及外國的影響

術數在古代社會中一直扮演着一個非常重要的角色，影響層面不單只是某一階層、某一職業、某一年齡的人，而是上自帝王，下至普通百姓，從出生到死亡，不論是生活上的小事如洗髮、出行等，大事如建房、入伙、出兵等，從個人、家族以至國家，從天文、氣象、地理到人事、軍事，從民俗、學術到宗教，都離不開術數的應用。我國最晚在唐代開始，已把以上術數之學，稱作陰陽（學），行術數者稱陰陽人。（敦煌文書、斯四三二七唐《師師漫語話》：「以下說陰陽人謾語話」，此說法後來傳入日本，今日本人稱行術數者為「陰陽師」）。一直到了清末，欽天監中負責陰陽術數的官員中，以及民間術數之士，仍名陰陽生。

古代政府的中欽天監（司天監），除了負責天文、曆法、輿地之外，亦精通其他如星占、選擇、堪輿等術數，除在皇室人員及朝庭中應用外，也定期頒行日書、修定術數，使民間對於天文、日曆用事吉凶及使用其他術數時，有所依從。

我國古代政府對官方及民間陰陽學及陰陽官員，從其內容、人員的選拔、培訓、認證、考核、律法監管等，都有制度。至明清兩代，其制度更為完善、嚴格。

宋代官學之中，課程中已有陰陽學及其考試的內容。（宋徽宗崇寧三年〔一一零四年〕崇寧算學令：「諸學生習⋯⋯並曆算、三式、天文書。」「諸試⋯⋯三式即射覆及預占三日陰陽風雨。天文即預

定一月或一季分野災祥，並以依經備草合問為通。」

金代司天臺，從民間「草澤人」（即民間習術數人士）考試選拔：「其試之制，以《宣明曆》試推步，及《婚書》、《地理新書》試合婚、安葬，並《易》筮法，六壬課、三命、五星之術。」（《金史》卷五十一·志第三十二·選舉一）

元代為進一步加強官方陰陽學對民間的影響、管理、控制及培育，除沿襲宋代、金代在司天監掌管陰陽學及中央的官學陰陽學課程之外，更在地方上增設陰陽學教授員，培育及管轄地方陰陽人。（《元史·選舉志一》：「世祖至元二十八年夏六月始置諸路陰陽學。」）地方上也設陰陽學教授員，培育及管轄地方陰陽人。（《元史·選舉志一》：「（元仁宗）延祐初，令陰陽人依儒醫例，於路、府、州設教授員，凡陰陽人皆管轄之，而上屬於太史焉。」）自此，民間的陰陽術士（陰陽人），被納入官方的管轄之下。

至明清兩代，陰陽學制度更為完善。中央欽天監掌管陰陽學，明代地方縣設陰陽學正術，各州設陰陽學典術，各縣設陰陽學訓術。陰陽人從地方陰陽學肄業或被選拔出來後，再送到欽天監考試。（《大明會典》卷二二三：「凡天下府州縣舉到陰陽人堪任正術等官者，俱從吏部送（欽天監），考中，送回選用；不中者發回原籍為民，原保官吏治罪。」）清代大致沿用明制，凡陰陽術數之流，悉歸中央欽天監及地方陰陽官員管理、培訓、認證。至今尚有「紹興府陰陽印」、「東光縣陰陽學記」等明代銅印，及某某縣某某之清代陰陽執照等傳世。

清代欽天監漏刻科對官員要求甚為嚴格。《大清會典》「國子監」規定：「凡算學之教，設肄業生。滿洲十有二人，蒙古、漢軍各六人，於各旗官學內考取。漢十有二人，於舉人、貢監生童內考取。」學生在官學肄業、貢監生肄業或考得舉人後，經過了五年對天文、算法、陰陽學的學習，其中精通陰陽術數者，會送往漏刻科。而在欽天監供職的官員，《大清會典則例》「欽天監」規定：「本監官生三年考核一次，術業精通者，保題升用。不及者，停其升轉，再加學習。如能黽

勉供職，即予開復。仍不及者，降職一等，再令學習三年，能習熟者，准予開復，仍不能者，黜退。」

除定期考核以定其升用降職外，《大清律例》中對陰陽術士不準確的推斷（妄言禍福）是要治罪的。

《大清律例‧一七八‧術七‧妄言禍福》：「凡陰陽術士，不許於大小文武官員之家妄言禍福，違者杖一百。其依經推算星命卜課，不在禁限。」大小文武官員或地方陰陽官員為主。

官方陰陽學制度也影響鄰國如朝鮮、日本、越南等地，一直到了民國時期，鄰國仍然沿用着我國的多種術數。而我國的漢族術數，在古代甚至影響遍及西夏、突厥、吐蕃、阿拉伯、印度、東南亞諸國。

術數研究

術數在我國古代社會雖然影響深遠，「是傳統中國理念中的一門科學，從傳統的陰陽、五行、九宮、八卦、河圖、洛書等觀念作大自然的研究。……傳統中國的天文學、數學、煉丹術等，要到上世紀中葉始受世界學者肯定。可是，術數還未受到應得的注意。術數在傳統中國科技史、思想史，文化史、社會史，甚至軍事史都有一定的影響。……更進一步了解術數，我們將更能了解中國歷史的全貌。」（何丙郁《術數、天文與醫學中國科技史的新視野》，香港城市大學中國文化中心。）

可是術數至今一直不受正統學界所重視，加上術家藏秘自珍，又揚言天機不可洩漏，「（術數）乃吾國科學與哲學融貫而成一種學說，數千年來傳衍嬗變，或隱或現，全賴一二有心人為之繼續維繫，賴以不絕，其中確有學術上研究之價值，非徒癡人說夢，荒誕不經之謂也。其所以至今不能在科學中成立一種地位者，實有數因。蓋古代士大夫階級目醫卜星相為九流之學，多恥道之；而發明諸大師又故為恍迷離之辭，以待後人探索；間有一二賢者有所發明，亦秘莫如深，既恐洩天地之秘，復恐譏為旁門左道，始終不肯公開研究，成立一有系統說明之書籍，貽之後世。故居今日而欲研究此種學術，實一極困難之事。」（民國徐樂吾《子平真詮評註》，方重審序）

現存的術數古籍，除極少數是唐、宋、元的版本外，絕大多數是明、清兩代的版本。其內容也主要是明、清兩代流行的術數，唐宋或以前的術數及其書籍，大部分均已失傳，只能從史料記載、出土文獻、敦煌遺書中稍窺一鱗半爪。

術數版本

坊間術數古籍版本，大多是晚清書坊之翻刻本及民國書賈之重排本，其中豕亥魚魯，或任意增刪，往往文意全非，以至不能卒讀。現今不論是術數愛好者，還是民俗、史學、社會、文化、版本等學術研究者，要想得一常見術數書籍的善本、原版，已經非常困難，更遑論如稿本、鈔本、孤本等珍稀版本。在文獻不足及缺乏善本的情況下，要想對術數的源流、理法、及其影響，作全面深入的研究，幾不可能。

有見及此，本叢刊編校小組經多年努力及多方協助，在海內外搜羅了二十世紀六十年代以前漢文為主的術數類善本、珍本、鈔本、孤本、稿本、批校本等數百種，精選出其中最佳版本，分別輯入兩個系列：

一、心一堂術數古籍珍本叢刊
二、心一堂術數古籍整理叢刊

前者以最新數碼（數位）技術清理、修復珍本原本的版面，更正明顯的錯訛，部分善本更以原色彩色精印，務求更勝原本。并以每百多種珍本、一百二十冊為一輯，分輯出版，以饗讀者。

後者延請、稿約有關專家、學者，以善本、珍本等作底本，參以其他版本，古籍進行審定、校勘、注釋，務求打造一最善版本，方便現代人閱讀、理解、研究等之用。

限於編校小組的水平，版本選擇及考證、文字修正、提要內容等方面，恐有疏漏及舛誤之處，懇請方家不吝指正。

心一堂術數古籍　整理 叢刊編校小組

二零零九年七月序
二零一四年九月第三次修訂

韋千里編

風鑑準繩

現代簡易相法

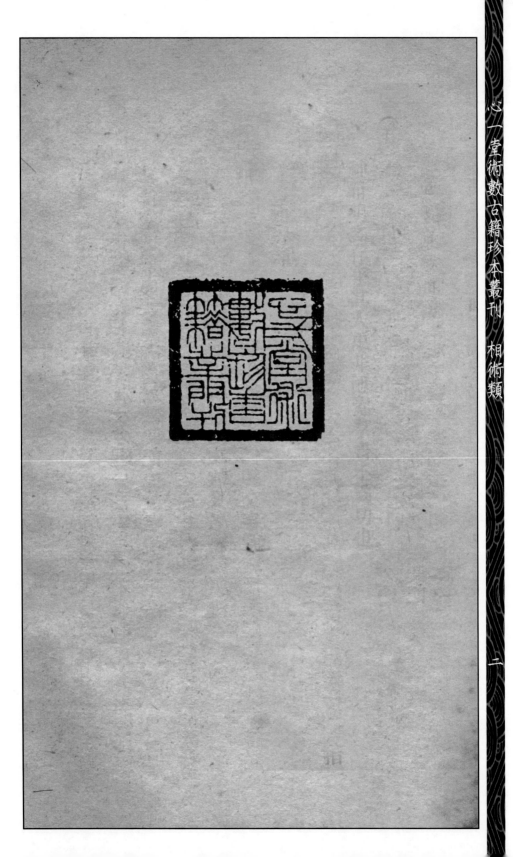

心一堂術數古籍珍本叢刊 相術類

二

凡例

（一）本書編法以人身由髮至足逐部纂述．故較有系統．且力避相法上各種專門名辭．如口則曰口不曰「水星」間有一二不能避免者則隨附解釋俾趨通俗而使讀者易於翻閱記憶故名現代相法．

（二）本書所載皆有根據．非出諸杜撰惟古今中外相書浩如烟海豈能囊括無遺不過擇其精警而實驗者錄之．故又名簡易相法．

（三）相紋相骨為相法中重要據點担僅賴文字記述極難闡其微妙．本書對於紋骨之關如卽以寫不勝寫故也他日擬刊一「相理圖解」乃以人體各部攝成照相版．再加註釋庶能澈透亦可補本書之不逮也．

（四）流年行運之部位名稱乃一定而不移各相書皆有載及千篇一律故本書不多贅矣．

（五）本書編印宗旨無非希望世人認識相理而聊作讀者學相之階梯至於

神而明之存乎其人更非博覽羣書不爲功也．

（六）本書出版匆促亥豕魯魚錯訛在所不免當於再版時校正如蒙讀者指

謬．尤爲感盼．

二

序言

現代簡易相法

余既輯「命學講義」「命理約言」「千里命稿」暨「六壬祕笈」諸書。

於星命占卜之學略有闡述問世以還謬承讀者之贊許惟五行生尅之理陰陽消長之機本乎術數動靜變化其幾也微客悔吉凶其指也博雖徵諸人事應驗如響然非好學深思之士莫能究極其玄奧初學者尤有毫釐千里無所適從之憾夫人海茫茫品類萬異秉賦不齊有智愚賢不肖之別遭遇不一有窮通貴賤者壽夭短之殊吾人欲知人論世乘時立業必先『以人為鑑』『以人為鑑』則論相之學尚矣孔子曰「視其所以觀其所由察其所安人焉廋哉人焉廋哉」蓋吾人之聲音貌舉止動作蓄之於中者必形之於外察言觀色情偽無所遁形揆理度宜成敗可以先覩執此以相人顧亦何往而不得哉爰不揣譾陋繼命課諸書殺青之後續成是輯參古今各家相籍之所載旁

及西歐東瀛有關論相之書本乎自然徵乎人事擷英去粕條舉而比列之命

其名曰「現代簡易相法」學者誠能揣摩而簡練之儻亦可免皮相之譏而

為識人酬世之一助乎是為序

民國庚辰仲冬浙江嘉興韋千里謹識於春申寓次

二

頁次

現代簡易相法

二

韋千里 著書

現代簡易相法

嘉興韋千里編

耳

耳要輪廓完成．

左耳缺先損父．右耳缺先損母．

耳低於眉破祖兄弟稀少．

兩耳低小夭．

耳貼肉紅潤平生財祿綿綿．百謀百成千求千遂．

耳大貼肉富．

耳貼肉富而少貴．

對面不見耳長命富貴．

耳反者孤．

兩耳反掀主刑尅．

女人耳反主刑夫．

耳高過眉聰明俊貴永不貧困．

耳小而高者聰明而不富貴．

耳色鮮者貴而安穩．

耳皮粗色青黑而乾一生奔馳南北散走他鄉．

耳門如墨二十天壽之客．

耳光明潤澤聲名遠播．

耳之輪廓如桃紅性最玲瓏．

耳紅潤主官白主名望明潤主名遠黑主貧賤．

老來耳白主子貴．

耳白過面名滿天下．

耳要敦厚．

女人左耳厚先生男．右耳厚先生女．

耳厚大垂肩極貴壽長

耳尖小者孤貧

耳小壽命促

耳薄向前賣盡田園．

耳薄如紙夫死無疑．

兩耳如紙貧窮無依

耳如紙薄休望榮華

耳孔窄小難入小指尖愚頑短壽．

耳門闊大聰明財足．

現代簡易相法

耳竅闊而深則聰明而家業不破。

耳穴深且圓心靈而識玄。

耳孔內生毫壽長。

耳內毫長壽而少樂。

黑子生耳輪上者主聰明。

耳內有大痣者壽長。

耳有黑子生貴子。

耳根雙黑子定去他鄉死。

耳形直豎如箭羽貧賤。

耳後有骨豐起者壽。

耳左右大小迍否妨害。

兩耳大小不一主外家養大。

壽在耳．

髮

髮際低者．性愚而夭．

孩童髮際低壓定是孤刑之子．

髮侵眉亂額多見災厄．

髮生到耳須餓死．

髮際高者性和而壽．

髮欲疏而黑短而潤．

髮細潤澤宜求官職．

髮黑細如絲榮貴女子髮細光潤秉性溫良．

髮短如拳立性剛強．

髮如蓬拳者性狡而貧苦．

未及四十而髮白者命短．

少生白髮尅雙親．

少年白髮多妨尅．

髮早白者凶白而再黑者吉．

髮赤多災害．

髮赤或白貧窮之相．

髮黃多妨尅．

髮黃而焦不貧則夭．

髮長頭窄命難長．

頭小髮長蹤跡散．

髮長散走他鄉．

髮捲如螺．必有傷．

髮粗硬性剛而孤獨．

髮硬礫如蝟毛者爲子爲臣必不忠孝．

鬢髮乾燥憂愁至老．

髮鬢亂生狡詐人憎．

髮鬢濁亂如織毯其人性懶縱財富而後必貧．

額髮亂垂妨母之客．

髮亂之八仁義多疎．

髮繁多迍滯而貧賤．

自古無濃髮宰相．

女子髮鬢粗濃勞苦貧賤．

女子髮濃鬢重兼斜視必多淫．

耳邊無鬢心懷毒刃．

項後髮高其性僻毒．

額

額闊而長主富壽．

額闊頤尖迍否還從晚景．

額窄額圓苦在初年．

額窄頭側多是庶出．

額小父母少恩恤．

額右偏母妨在偏父喪．

女人額削主孤．

兩角入頂父母雙榮．

額上骨磊塊如峯或如雞子圓突。高則主孤。低則主夭。

眉

眉要寬廣清長。

眉宜清長過目。

眉長於目兄弟五六。

眉長過目妻美貌。

左眉須要長長者食天倉。

右眉須要齊齊者有妻兒。

眉長秀則兄弟和睦。

眉若短不及目者難爲兄弟。

眉不及目兄弟不足縱有一兩非是同腹。

眉長清長過目有如雁行。

眉與目同等兄弟一兩。

眉短不覆眼者乏財．

眉短於目心性孤獨．

眉不蓋眼孤貧．

眉短疎散目且長早年財帛有虛張．

眉小眼大多貧．

眉缺無信．

眉疎薄如無而中晚年或有數根長者福壽子孫．

眉毛疎淡清閑．

眉毛疎秀聰明．

眉毛纖細重重技藝．

眉中有缺者多奸詐．

眉薄如無者多狡詐．

眉疎散平生財帛多興廢．

眉頭疎眉尾散財旺而妻子艱．

眉毛中斷兄弟分散．

二眉散亂聚散不常．

眉疎而散暫富終貧．

眉毛婆娑兒少女多．

眉要雙分入鬢．

雙眉入鬢胸襟懷冠世之才．

眉黑稠濃密主淹留蹇滯．

眉濃者孤．

眉重壓眼尅妻．

眉粗而濃或逆而亂短而蹙者性必兇頑、

眉粗壓眼心不善.

眉粗眼小福薄.

眉濃髮厚心賊損壽.

眉粗硬濃重俱長過眼寸餘者獨主壽.

無識無能雙眉不秀.

眉清秀彎如月樣爲人聰明智慧文學博雅高明富貴之相.

眉如新月樣名譽四方揚.

眉如月弓衣食不窮.

眉曲者多學又聰明.

眉彎彎如蛾好色.

眉要如懸犀新月之樣.

眉毛直立而生曰豎毛多主殺性無思維、

倒生眉多是非、

眉毛直豎左妨子右妨妻、

眉卓而豎者性豪、

眉生逆毛惡死、

眉逆生者貧薄妨兄弟、

眉毛逆生仇兄賊弟互相妬害、

眉生逆毛小幼孤女人如此必妨夫、

眉直者刑妻又尅兒、

眉高則名高、

眉高眼深狼、

眉要高過額中、

眉昂者．氣剛．

眉中黑子必有技倆．

眉中有痣妨妻．

痣在眉毛遭火厄．

女人眉間生黑子賤相．

眉骨高起主人魋鹵知進而不知退知成而不知敗．

眉骨稜起者兇惡多滯．

眉顫交斜兄弟各家．

眉顫交者貧薄妨兄弟．

眉交不分早歲歸墳．

眉交額削者主父母早抛．

眉毛盤旋似螺螄尾尖為人剛健勇猛．

眉俱旋毛兄弟同胞．

眉中忽然生毛謂之壽毫然不宜早生二十生毛三十死四十生毛命壽長．

眉中生白毫者多壽．

眉要首尾豐盈．

眉如掃帚兄弟八九．

眉上氣色忽然白者主哭泣忌紅色主三日七日口舌官訟．

眉頭常蹙早見刑傷．

眉低壓眼者窮逼．

眉尾垂眼者性懦．

何知生女不生兒但看眉間兩頭垂．

眉毛潤澤求官易得．

眉毛白者主超羣．

兩樣眉毛定須異母。

左眉高右眉低父在母先亡。

眉橫一字足義愛人。

眉清而平生性無偏無黨。

眉如畫者一生得陰人財。

名在眉。

眼

眼要含藏不露。

眼大而圓神光露主凶暴多招禍患。

眼含神不露灼然有光者富貴。

眼浮而露睛者夭死。

眼露而性毒．

眼大露睛凶夭．

眼露光口闊大貪淫求食之女．

眼露睛凸性剛氣暴．

獐目凸睛兄弟少．

眼要黑白分明．

瞳子瑩潔黑白分明光射四遠長而入鬢大富大貴．

眼要黑睛多白睛少而有光彩．

眼黑少白多兼黃赤色損父母害妻子破田宅多災短命

眼白多主性癖．

婦人眼黑白分明者貌重．

烏睛少而白睛多不爲囚繫主奔波．

眼內多白女殺夫男兒似此亦多愚．

眼如點漆富貴聰明．

兩目不分明不過三十八．

右目須要黑黑者有官職．

眼要瞳子端定．

眼睛大而端定不浮不露黑白分明者主可學藝業異於衆人．

睛分明而轉處心知變知機．

睛屢轉者多奸計．

眼要細長極寸．

眼長有學．

目小長則貴．

眼要長細雙分入鬢．

面短眼長貴．

眼秀而長主貴人相敬．

目長一寸必佐明王．

眼要長而清主官職之位．

婦人惟眼長爲貴圓小高凸主輕賤．

眼要光彩射人．

兩目無神天．

目烈有威萬人皈依．

左眼須要光光者福祿強．

眼上視者多狠．

眼看物觀人昂面睛向上視者自強自是不容物多疑．

眼視上顧下多詐．

眼上視高貴。

眼高視激。

眼斜觀者為人稟性剛强鄙吝。口腹不能相應。

談話之間低目沉吟常常用眼偷觀人者心性不定多疑智淺。

偷視不正多詐。

婦人眼斜視者暗下情重。

對人頻頻偷視莫與交遊。

斜視盜。

斜視而懷妬忌。

坐而斜視所思不正。

目圓多夭。

眼大凸圓而怒者促壽。

眼蓋圓者言行深奧．

目深者壽．

眼深無肉奸詐父母不得力兄弟分離財壽不足．

眼細而深者長壽兼性隱僻．

眼中如火主剛強．

眼紅者貪食．

眼中如血者暴亡．

赤脈貫睛鼻露梁惡死．

目赤痕侵官事重重．

目赤睛黃必主夭亡．

紅眼金睛不認六親．

婦人眼睛黃赤剋子刑夫還防產厄．

眼如赤鯉有徒刑之危．

目不大不小則貴．

左目小損妻．

嬬人眼大不爲良．

左眼小怕妻．

眼大小不同弟兄異父母．

目小平生少知識．

兩目雌雄富而多詐．

眼生三角凶狠之人損物害人女子妨夫．

嬬人眼三角者性狠而多怒．

魚尾枯陷尅頭妻．眼角之紋曰魚尾．

眼尾有紋尅妻．

痣在魚尾．主水厄．

奸門位眼梢之部為奸門．光潤無紋必保妻全四德．

奸門豐隆平滿娶妻財帛盈箱．

奸門深陷常作新郎．

魚尾紋多妻防惡死．

婦女魚尾奸門明潤得貴人為夫．

奸門黑痣斜紋外情好而心多淫慾．

魚尾多紋到老不能安逸

淚堂處眼下眶凹為淚堂．深陷主刑尅．

眼下淚痣主刑尅．

眼下如荔枝色主刑尅．

眼下無肉主刑尅．

婦人眼下肉常枯不殺三夫定二夫。

眼下無肉妨害兒女。

眼下淚痕尅兒女。

左眼下有臥蠶紋子息淸貴。

淚堂深陷兒女無緣。

淚堂黑子斜紋到老兒孫有尅。

眼下鯽魚。鯽魚紋形如。必定家肥。

眼下多亂紋主假子義女。

女子眼下皺紋六親若冰炭。

男子眼下黑見有子先歸。

眼忽然生黑氣深者二五日淺者二七日家宅不寧陰人是非紅者火災眼下

舖靑者連累口舌赤者官災黑者破耗黃明者最吉

女人目下青者喪夫．赤者產厄．眼尾瑩白光潤者夫位增遷財祿之喜．

眼下黑色者憂產厄．

婦女眼下氣青夫必死．

目昏濁多滯．

眼有些小病心有些小毒眼有十分病心有十分毒眼善心亦善眼惡心亦惡．

目淺則短命．

目尾相垂夫妻分離．

眼不哭而淚汪汪早無刑尅則老見孤單．

女人眼光如醉桑中之約無窮．

睛青口闊文章高人．

瞳子黃闊可至於黃髮之壽．

俊在目．

眼下視陰毒．

眼細視詐．

眼遠視賢．

眼近視愚．

眼平視德．

平視直視性必仁．

亂視淫．

猛視暴．

顴

顴高侵天享盛名或因妻得祿。

女子顴露聲雄縱七夫之不了．

有權有柄．兩臉有顴．

顴骨尖高者不自由．

鼻

鼻要梁柱端直．

梁柱不正中年遭厄．

鼻梁隆起壽．

鼻露梁者主耗散．

鼻梁橫起朋友難交心性難犯．

鼻梁不斜曲而常常榮潤者晚年有祿．男得賢妻．女得賢夫．

鼻隆高有梁者主壽．

孩童鼻梁低塌常生啾唧之災．

鼻梁小.無膽志.

山根位.為山根之部.鼻梁之部.

山根.缺陷.自身傷害.

山根塌而橫紋斷流破祖離巢田園不守妻子先亡.

山根須要直直者得衣食.

山根宜高不宜低.光彩似琉璃爲官必忠且有好妻.

山根狹又尖.家財早破.

山根無肉.勞動.

山根斷折.主刑尅.

山根有橫紋尅三妻.

山根陷尅妻.

山根折斷尅兒女.

山根陷六親無力.骨肉無情.

山根枯暗鼻梁無肉與人多不足．

山根不陷主壽．

山根斜曲官災．

孩子山根青色頻見災厄．

女子山根不斷必得賢夫．

何知小兒常被驚山根年壽色常青．

山根斷而幼遭疾苦．

山根青三日內逢貴人．

山根紫七七日得財．

山根黃七日內遠書喜至．

山根白多疾厄．

山根黃白病．

鼻要準頭為準頭．鼻之下部．庫起形如懸膽齊如截筒．

準頭黑蘭臺黯．鼻準左旁為蘭臺．旬日必身亡．

鼻須要準頭豐厚而孔不露．年上壽上之部位．為年上壽上．平滿．主有福祿壽．山根以下準頭以上．

鼻不正而準頭尖露其人貧賤少家業心性不直．

鼻準豐大心善愛道為事進退．

準頭圓鼻孔不昂不露富貴之人．

準頭豐大與人無害．

準頭尖細好為奸詐．

準頭豐起富貴無比．

準頭帶紅必走西東．

準頭垂肉貪淫不足．

準頭圓肥足食豐衣．

現代簡易相法

準頭尖薄孤貧削弱．

鼻準尖斜心事勾加．

準頭豐大心無毒．

鼻頭尖薄奸詐孤貧．

準頭圓似截筒官高位顯．

準頭赤色重重奔波詭計．

準小鼻狹最慳最吝．

鼻孔小者慳貪．

鼻孔仰露一世貧．

鼻孔仰露夭折寒索．

鼻孔仰者無隔宿之糧．

鼻竅仰露中年破散．

鼻孔露天貪色無厭．

男女鼻上多黑子再嫁重婚苦奔波．

鼻多黑子迍蹇．

女子山根黑子若無宿疾必刑夫．

鼻有黑子不得力．

鼻小偏促貧賤．

鼻小工作無休息．

鼻大家安．

鼻以高隆而貴．

鼻要豐隆光圓．

鼻瘦面肥半世錢財耗散．

鼻須厚厚者得長壽．

面小鼻大．主守空房．爲事顧悔財祿俱滯．

鼻廣面長技倆非常．

鼻小而狹者作僮僕．

鼻廣而長技藝非常．

鼻頭短小意智淺少．

面大鼻小平生多蹇．

鼻小面大一生常歷艱辛．

面小鼻大中晚一年一破、破祖離家馳驟奔波女子尤忌．

年壽上縱橫亂紋交雜者破祖離家馳驟奔波女子尤忌．

鼻有橫紋主車馬傷．

鼻有縱理紋者養他人子．

鼻上多亂紋者必詭．

現代簡易相法

鼻曲人情薄．

鼻偏左先損父鼻偏右先損母．

鼻有三曲孤獨破產．

鼻獨高而四岳低者．額．鼻．兩顴爲五岳．今言四岳者．即額顴及兩顴也．六親不和．

職高則鼻高．

鼻毛出而誹謗滋蔓．

鼻尖毫出詐．

鼻要色鮮黃明．

年壽明潤康泰昏暗疾病．

壽上發青病魔纏身．

鼻如懸膽富貴．

鼻如截筒富．

鼻如截筒衣食豐隆．

鼻如鷹嘴者貪食．

鼻如鷹嘴取人心髓．

鼻勾者貪食．

鼻有三四凹骨肉相抛．

職在鼻．

人中

人中紋理主刑尅．

人中有豎理者主養他人子．

人中有縱理者主兒有宿疾．

人中有橫理者至老無兒．

現代簡易相法

人中橫紋若朋非朋。

人中黑子主刑尅。

人中上有黑子者多子。

人中下有黑子者多女。

人中中有黑子者婚妻易而養子難。

人中有兩黑子者主雙生。

人中雙黑子婦人必雙生。

人中有黑子其母難產而生。

人中有痣娶妻容易。

人中著齒者壽。

人中深而長者長壽。

人中深長宜子又延年。

人中上下直而深者子息滿堂。

人中深長者有誠信。

人中滿而平者迍邅尖滯。

人中上下半而淺者子息不生。

人中平長至老吉昌。

人中廣平養子不成。

人中淺而短者夭亡。

人中淺多破財。

人中平長有壽無子。

人中平滿難得兒孫送老。

人中淺短絕嗣而夭命。

人中漫漫平而無者至老絕嗣窮苦之相也。

人中細而狹者衣食逼迫．

人中微窄如線死填溝壑．

人中細如懸針如線死填溝壑．

人中上狹下廣者多子孫．

人中上廣下狹者少兒息．

人中上下俱狹而中心闊者子息疾苦而難成．

人中上狹下闊多巧計．

人中下狹上闊鰥寡．

人中上窄下寬者晚年發祿子孫成羣．

人中下狹上闊鰥寡．

人中端直者忠義之士．

人中屈曲者無信之人．

人中曲愛淫慾．

人中斜側尅兒．

人中正而垂者富壽．

人中短促子孫不足．

人中赤多讒鬪．

人中有髭一生勞碌．

人中寬闊著早立功名．

口

口要方大．

口中容拳貴．

口如四字貴．

口方闊有稜者主壽貴．

口橫闊而厚者福富．

口能容拳者出入將相．

口寬舌薄心好歌樂．

口如四字有呼聚喝散之權．

口橫闊不收大言無信．

婦人口闊先食田莊而後貧．

口方如四字肥馬輕裘．

口方有辨．

舌大口小貧薄折夭．

口如縮囊饑死無糧縱然有子必主別房．

口如一撮者貧薄．

口小脣薄多是多非．

口尖脣薄好說是非．

男子口小貧薄夭亡．

女子口小聰慧智良．

口不正而偏斜或露齒主孤貧．

口雖闊而不正虛詐．

口偏薄好說是非謗訕．

覆載．上脣爲覆．下脣爲載．多紋理掩人過惡得賢子孫．

口不覆不載．下脣過上脣而口不吻合爲不覆．

口不覆則家必覆．上脣過下脣而口不吻合爲不載．則無壽無晚福．

口之兩角下垂最招人嫌．

口角下垂愛便宜．

口角兩垂向下奸詐便宜．

現代簡易相法

口有黑痣者主酒食．

口中黑子食噉皆美．

婦人口角痣生親夫早喪．

口須要紅痣紅者作三公．

口如含丹不受飢寒．

口如潑砂食祿榮華．

口如含丹多藝

口角要開大合小．

口台勢欲小開勢欲寬．

縱理入口飢死不久．

口左右紋粗凶惡之輩．

脣高嘴趫主性剛．

不言口動飢寒。

口紫黑者多滯。

口角如弓位至三公。

口如吹火飢寒獨坐。

計在口。

口開齒露無基失所。

疾言而口常撮聚必破產飄蓬。

口如鳥喙者高人終難共處。

口形如角弓者主官祿。

嘴尖者貪食

脣

現代簡易相法（虛白廬藏民國刊本）

唇欲厚而不欲薄．

唇厚少語．

唇薄多訟．

上唇薄者言語狡詐．

下唇薄者貧賤蹇滯．

上下俱薄者妄語．

上下俱厚者忠信之人．

上唇厚命難久．

下唇薄主貪食．

上唇長者先妨父下唇長者先妨母．

下唇過上唇妨夫．

上唇過下唇虛僞．

唇上下不相覆．常懷盜竊終身不富．

女人下唇過上必妨夫．

上唇掩過下唇尅妻無疑．

下唇過上貧苦．

上唇蓋下伶仃．

兩唇上下相稱者言語正直．

唇不掩齒性不和．

唇不蓋齒無事招嫌．

唇不蓋齒好說是非．

唇色青如藍靛者災而夭．

唇色紫而有光者快樂衣食．

唇色白而豔者招貴妾

現代簡易相法

唇如雞肝至老貧寒。

唇色黃而紅者招貴子。

唇若青黑餓死塗陌。

唇色光紅不求自豐。

唇紫色足衣食。

唇常赤爲貴客。

女子唇若紅蓮衣食豐足。

女唇紫夫早死又妨長子。

唇無紋理性孤獨。

唇有紋理多子孫。

唇多紋理兒多無比。

唇上紋多紅似花一生富貴足榮華。

唇有黑子妨害長子．

唇生不正言詞難定．

唇缺而陷主下賤．

長唇短齒長命不死．

唇尖撮者貧死．

唇墜下者孤寒．

齒

齒白而大貴．

齒以大而密長而直多而白爲佳．

齒白而齊主聰敏．

齒瑩白者百謀百稱．

齒如白玉者高貴．

齒如爛銀者清職．

齒白而密者仕宦無殃．

齒齊如編貝廊廟之賢．

齒參差不齊心行詐欺．

齒牙不齊退步．

齒亂牙疎骨肉不和陰人不和．

齒繚亂疊生者狡橫．

齒堅牢密固者長壽．

齒疎漏者貧薄．

齒黑而疎縫一生災重．

齒齗發出每事漏失．

齒縫疎稀財食無餘．

齒疎脣薄多是多非．

三十六牙貴．

三十六牙卿相．

三十八齒者王侯．

三十四齒者巨福．

三十二齒者中人福祿．

三十齒者平常之人．

二十八齒者下賤之輩．

齒露出者暴亡．

風門牙露衰困中年．

語不見齒者富貴

露齒結喉．男子骨肉分離婦人妨夫絕子．

齒上闊下尖如列鋸者性粗．

齒上尖下闊如排角者性鄙．

齒短缺者愚下．

齒焦枯者橫夭．

壯而齒落者壽促．

齒黃色者干求阻滯．

齒如劍鋒貴壽．

齒直長一寸極貴．

當門兩齒要周正而密主忠信孝敬疏缺而小主多狂妄．

齒尖如錐必缺衣食．

何知有文章牙細口脣方．

舌

舌欲長而大．

舌方長者有才德．

舌狹而長者詐．

舌引至鼻者位至侯王．

舌大而尖者多妄謬．

舌大而薄凡事虛耗．

舌大而短愚魯懈怠．

舌尖而小者貪．

舌小而長仕宦吉昌．

舌小口大言語捷快．

舌小而短主貧賤．

舌短小者下賤之輩．

舌色紅如硃者貴．

舌色黑如翳者賤．

舌色赤如血者祿．

舌色白如灰者貧．

舌上色若黯紫貧賤．

舌上有直理者官至卿監．

舌無紋理尋常之流．

舌上長理三公可擬．

舌上有紋如川字者必享萬戶之食．

舌上有兩條紅路食祿天倉．

舌上有黑子者言語虛偽．

舌艷而吐滿口者至富．

舌出如蛇者毒害．

未語而舌先出者好妄談．

言而舌餂脣者多淫逸．

舌形欲方舌勢欲深．

讚

鬚拳鬢捲兒暴狠毒．

鬚拳髮捲貧窮之漢．

鬚不過脣朋友無情財帛破耗子孫不得力．

寧可有髭而無鬚．

現代簡易相法

莫教有鬚而無髭。

有髭無鬚主富有福有壽。

有鬚無髭貧賤財散人離。

鬚髭俱全五福齊。

髭鬚黑而清秀者貴而富。

鬚赤者孤剋。

捲髮赤鬚貧困。

髭鬚要黑又要稀依稀見肉始為奇。

髭鬚最嫌焦黃色父在東頭子在西。

鬚黃睛赤終主橫死。

髭鬚滋潤者發福。

髭鬚乾燥者塞滯。

鬚如鐵線貴。

鬚勁直者性剛不聚財、

鬚柔者性柔。

有髮無髭不可與之同侶。

頸

頸項豐圓堅實者大富。

圓粗如虎頸者善而福薄。

圓長如鶴頸者清貧。

圓肥如燕頸者高貴。

項側而小細而弱者非棟樑之材也。

側如馬頸者妨害

項有結喉者貧滯多災.

項瘦有結喉者迍邅尚可.

肥人項有結喉者多招橫禍.

頸立端直者性正而福薄.

曲如蛇頸者毒而貧.

頸勢僂後者性弱而凶.

頸勢前臨者性和而吉.

頸裊而斜曲者性弱貧苦.

肥人項欲短瘦人項欲長反此者不貧則夭.

瘦人項短致災殃.

肥人項長必夭橫.

項或太長如鵝或短如豕或大如櫻木或小如酒瓶者皆非貴相.

項後豐起者主富厚．

項後有皮如條者主上壽．

項短而方者福祿．

項細而長者貧賤．

項斑而不潔者性鄙多滯．

項若不勝頭者貧下短命．

何知人家喪頭夫左頸肥大右頸枯．

手 男左女右

手纖長者性慈好施．

手垂過膝蓋世英賢．

手狹長福祿強．

五七

六七

現代簡易相法

手欲軟而長．

手短厚者性鄙好取．

手不過腰者一生貧賤．

身長手短不過五十少有稱意老不成立．

左手短者主無文右手短者主無武．

指節細潤如春筍俊秀閑雅．

指纖長者聰敏．

指如春筍者清貴．

指節欲細．

十指上如旋螺者榮貴．

指尖長則文學貴顯．

掌長指短暗惹人嫌少年難養．

二指長者．平生近貴．

四指長者小人不足性不耐煩．

指尖細能樂器或妙藝．

指柔密者蓄積．

指短突者愚賤．

指硬疎者破敗．

指如鼓槌者愚頑．

指粗如竹節者貧賤．

手大指小浮蕩難聚資財．

大指傷破祖．

二指傷尅父．

三指傷尅母．

四指傷・妨妻・

五指傷・刑子・

大指駢母・主疾苦・

左手指屈者不安・右手指屈者橫發財而亦橫失財・

左手多指而舉者初貧後富・右手多指而舉者貧賤・

左手指併連者孤貧・右手指併連者孤賤天折・

左手四指齊平者主文貴・右手四指齊平者主武貴・

亂理散出指縫者諸事破散・

紋漏出指節者破散・

甲尖者・小智・

甲厚者・壽算延長・

甲破者・壽算難長・

手掌潤澤者富貴．

手掌軟而方者福．

手掌長厚者貴．

甲軟者臨事懶惰多學少成．

指甲皮乾肉枯命孤而夭．

甲短而軟者志弱膽小．

甲明潤則財穀豐盈．

甲硬者性剛．

甲堅者心高多貧．

甲堅而大者志高而膽大．

甲薄者命年短促．

甲破者無成．

手掌短薄者賤．

手掌硬而圓者愚．

手掌四畔豐起而中平者貧．

手乾枯者貧窮．

手掌紅如噀血者貴．

手掌黃如拂土者賤．

手掌青色者貧苦．

手掌白色者寒賤．

掌中四畔生橫理者愚而貧．

掌四方厚中央薄財食安樂．

掌細面寬榮辱艱辛不免．

手掌之肉色春潤夏溫秋淸冬燥爲宜．

手掌手背一般色．斯為上相．

掌面白而掌背黑者富．

掌面黑而掌背白者貧．

掌中紋縷密者財祿聚紋疎者不聚．

掌中如赤血噴火衣祿無窮．

掌中生黃家有死亡．

掌中生青是非憂驚．

掌中生青黑必有刑尅．

掌白如面者主起家成立．

掌軟如綿者主高年富足．

掌中有痣指上有挫者主少年駁雜晚年成立．

掌心生黑子者智而富．

面大掌大貴相．

人粗掌粗貴相．

人清掌清貴相．

人小掌小貴相．

人大掌大貴相．

人肥掌厚貴相．

人瘦掌漏貴相．

手掌熱如火軟如綿福人也．

掌中多縱紋者聰明智慧．

掌中有橫紋而短者下愚．

掌若血紅富而多祿．

女人有六甲掌中青紅生男黑白生女明豔易產枯橘難生．

掌平手薄賤．

掌大指短無事得謗．

人小掌大只好使錢．

手掌無紋作事遭論．

身小手大者福祿．

身大手小者清貧．

手薄削者貧．

手粗硬者下賤．

手薄硬如雞足者無智而貧．

女子手如乾薑必善持家．

手若皮堅硬肉乾澀者窮乏．

手端厚者富．

肉厚一寸家積千金。

手軟細者清貴。

手軟滑如綿囊者至富。

手軟如綿閑且有錢。

男手如綿囊祿位似公王。

骨露而粗筋浮而散紋緊如縷肉枯而削非美相也。

浮筋露露骨身樂心憂。

手若露骨六親無力。

骨深筋浮少樂多憂。

手背骨高到老勤勞。

手背筋露肉堅爲人辛勤。

手若露骨浮筋貧賤。

手中黑子．主家富．

黑痣掌中財食無窮．

黑子手裏多婦少兒．

手有橫理紋殺害不須論．

手有縱橫紋爵位至三公．

紋細而深者吉．

紋粗而淺者賤．

縱理多者性亂而災．

橫理多者性愚而賤．

豎理直貫上指者百謀皆遂．

紋細如亂絲者聰明美貌．

紋粗如檪木者愚頑貧苦．

手中如有橫紋通直者主財豐。

臂欲平而厚。

腕節欲小。

手白如玉貴。

手直如箭福壽。

手滑如苔福壽。

節如雞卵一生多得橫財。

手背筋藏肉積真實多財。

女子竹竿槍福祿至無疆。

女人手冷如冰鐵衣食隨歇滅。

胸

胸突而短狹而薄者．乃貧薄之人．

胸突然而起者愚下．

男子胸昂則愚．

女子胸昂則淫．

胸獨高起貧賤不已．

女人胸高必困窮．

貧寒婦女無非胸凸臀高．

胸露臀高家業散而壽元少．

胸凸者躁而多勞．

胸部骨起如柴者貧苦．

胸欲平而長闊而厚乃爲智高福祿之人．

胸闊而長者財易積．

胸狹而長者謀難成．

胸平正而廣闊者富貴．

胸廣而長主得公王．

胸寬平博厚賢明而早廁縉紳．

胸平闊如砥者英豪．

胸短於面者貧賤．

胸中毫毛播名四方．

胸生毛者剛而好嗔．

胸上生毛性非寬大．

胸窪然而傾者貧窮．

胸凹落如槽者窮毒．

胸中黑子者爲兵萬里．

胸部骨肉平勻者仁智。

胸部骨肉高低者愚狠。

胸凹凸而狹薄者貧賤。

胸坑陷淺窄愚暗下賤。

背

女人衣糧難度日背脊成坑。

背窪深如溝渠者至貧。

脊薄窪下者貧寒孤獨。

背偏狹而陷者一世多厄而貧。

脊平闊而豐者一身少災而福。

脊圓厚如團扇者至貴。

現代簡易相法

背平闊豐厚則安於一身矣．

背厚腰圓九州威鎮．

美人背圓必嫁秀士而得貴．

背豐厚突起者福多子孫．

背有骨隆然而起二千石祿．

背方而長者有智而福．

背偃而短者無識而賤．

背削肩寒者貲財莫守．

背欲長不欲短欲厚不欲薄．

福在背．

乳

乳欲闊而黑．垂而墜．

乳闊一尺二寸者至貴．闊一尺者次貴．

乳不可狹而白．

乳頭白而黃者賤而乏嗣．

乳頭白而向上子息難爲．

乳頭紫而下垂子息易得．

乳圓紫而垂下者富貴而多子．

乳白小而斜狹者窮困而蹇滯．

乳頭大者志氣而多兒．

乳頭小者懦弱而絕嗣．

乳頭狹者貧賤．

乳頭曲者難養兒．

乳頭仰者子如玉．

乳頭低者兒如泥．

乳頭壯而方大者壽而福．

乳頭細如懸針者財無十分．

乳頭生毛者多藏見解．

乳頭黑子者必生貴子．

乳實而有肉者財帛豐隆．

乳小不黑孤貧．

腹

腹欲圓而長厚而堅．

腹皮欲厚而清．

腹寬厚者能容物．

腹皮欲厚而細．

腹皮厚者少病而貴．

腹圓而下富貴壽長．

腹勢欲垂而下．

腹墜而垂智合天機．

腹大垂下名遍天下．

腹垂若囊聲名冠世．

腹勢向上者賤而愚．

腹向上而短飯不滿碗．

腹皮薄者多病而賤．

腹薄小者乏食

腹如抱兒四方聞名．

腹臍突出壽命早卒．

富在腹．

女人腹大頭小一生不過多食．

腹淺窄者孤寒褊急．

腹圓大而厚主家富安閑．

臍

臍向上者福智．

臍向下者貧愚．

臍低者思慮遠．

臍高者無識量．

臍深闊者．智而有福．

臍深能容李千里聞名．

臍淺窄者愚薄．

臍凸而出淺而小非善相也．

腰

腰狹而薄者卑賤之徒．

腰短薄者多成多敗．

腰細而薄者貧賤．

腰欲端而直闊而厚乃福祿之人也．

腰欲端闊臀欲平圓．

腰直而厚者富貴．

臀高而腰陷者．主賤．

腰高而臀陷者．主貧．

腰下無臀．到老無成．

腰凹而陷者．窮下．

腰裊而曲者．淫劣．

女人腰折步行橫絡朝受苦辛．

女人腰肥面圓類男形主富．

男兒腰細難主福利．

陰

陰生黑子者貴．

陰頭有痣人多貴．

小便如撒珠者貴.

小便㪍如雨者貴.

水道寬而圓者賤.

小便直下如篙攬者賤.

女人陰戶無毛賤相.

陰上無毛淫賤.

榖道無毛一世貧.

榖道毛多亦非貴相.

陰毛逆生者夫妻不和.

陰頭縮者貴.

榖道急而方者貴.

大便細而方者貴.

現代簡易相法

大便遲緩者富貴．

大便速者賤．

足

足欲方而廣正而長膩而軟．

足不可側而薄橫而短粗而硬．

腳雖大而薄者下賤．

賤人之足薄而大．

足橫窄小薄辛苦．

兩足薄在路多．

足薄窄枯澀辛苦終身．

腳下平如板者貧愚．

現代簡易相法

脚下成跟者福及子孫．

無脚跟夭壽人．

脚跟不着地賣盡田園而走他鄉．

足厚四方者巨萬之富．

貴人之足小而厚．

足厚而正閒樂．

足豐厚方正者平生閒樂．

足下無紋理者下賤．

足下旋紋理令譽千載．

足下紋有如人形者貴壓千官．

足下有紋大旺子孫．

足下龜紋一世清名．

足下無紋，愚賤．

脚下龜理紋二千石祿．

脚下無紋寒貧．

足下軟細而多紋貴相．

足下粗硬而無紋貧賤．

足下有紋如錦繡者食祿萬鍾．

足下有紋如花樹者積財無數．

足下有紋如剪刀者藏鏹巨萬．

足底無紋者賤．

足底有如弓如刀之紋理家積巨金．

足底有如魚如鳥之紋理貴極人臣．

足面有毛者家必殷實．

脚上多毛柔細者貴．粗大者賤．

足指纖長者忠良之貴．

足指端齊者豪邁之賢．

十足指皆無紋者多破散．

左足指勾屈者下賤．右足指勾屈者刑尅．

左足指多而舉者孤寒．

右足指多而舉者流離貧賤．

左足多指齊集者清貴．

右足多指齊集者傍貴．

左足五指平齊者宰執．

右足五指平齊者名揚．

足生黑子英雄獨壓萬人．

足生黑子富貴賢士．

脚下有黑子者食祿．

婦人懷胎左脚先舉爲男．右脚先舉爲女．

脚下可容龜者富貴．

脚心黑紫祿至二千石．

左足短者主孤貧．右足短者幼賤長貧．

足長手短主賤．

足短手長主富貴．

脚背無肉必主孤貧．

脚瘦腿長奔走不停．

聲

何知兩度嫁．女作丈夫聲．

何知命不長聲音女人樣．

聲欲響闊而長．

女人聲出雄壯刑夫．

聲乏韻而貧夭．

聲韻似破鑼絡身孤獨．

聲若破鑼多刑害而心不睦．

聲清琅然若擊磬得享厚祿．

聲音乾潤不齊或大小相續或先急而後緩或先緩而後速皆粗俗卑下．

聲乾無韻何得榮華．

聲粗骨粗爲孀婦．

孩童聲大有神易養．

聲自丹田下出有福而享遐齡.

聲如哭音主孤單.

色

春月面見青色主有喜慶事.

夏月面見青色迍滯重重.

秋月面見青色亨泰.

冬月面見青色是非破財.

春月面見紫色重重喜事.

夏月面見紫色大不祥.

秋月面見紫色主進財.

冬月面見紫色主煩憂.

春月面見黃色旺資財．

夏月面見黃色運謀皆遂．

秋月面見黃色進財進產又添丁．

冬月面見黃色驚憂禍患．

春月面見白色官非憂疑．

夏月面見白色中吉．

秋月面見白色是非破財．

冬月面見白色美滿進步．

春月面見黑色主榮權喜事．

夏月面見黑色主憂驚．

秋月面見黑色平善．

冬月面見黑色官災疾厄．

形

金形人．端方．

眉目清秀耳正面方手端小而方腰圓腹正色白氣清者爲正金形．

金形人．帶土形最貴．

金形人．準頭三陽．三陽即左右眼部位．不宜帶赤．

金形人．帶木形初主蹇滯末主超羣．

金形人．要帶黃忌紅．

金形人．義．

木形人．瘦長．

目秀鬢清脣紅腰瘦頭面骨瘦鼻直目長肩背挺直色帶青者爲正木形．

木形人．忌浮肉浮筋露骨露頂．

木形人帶水形富而且貴．

木形人略帶火形亦妙．

木形人帶金形一身剝削刑尅．

木形人略帶金形是求名之客．

木形人要青色喜帶黑忌白．

木形人仁．

水形人圓肥，

肉重骨輕腹臀手面耳目口鼻皆圓肥色黑而潤爲正水形．

水形人切忌氣粗色暗肉露皮浮皮白如粉．

水形人若色紅無髮皮骨肉冷皆主無子．

水形人帶土形迍邅終身．

水形人要黑色白色忌黃．

水形人．智圓行方．

火形人．面上尖下闊．

行動躁急面紅鬚少．鼻目口齒皆露耳高聲焦爲正火形。

火形人．氣色光彩紅潤煥發武職尤貴．

火形人．少子孤貧．

火形人．帶水形孤貧．

火形人．忌口大．

火形人．要紅色喜帶青忌黑．

火形人．聰明．

土形人．厚重．

骨重肉實頭面厚大鼻隆口闊頤豐腰背如龜手足脣皆厚頭圓項短色黃而明爲正土形．

土形人若肉薄骨露神昏色滯不貧則賤．

土形人慈厚．

土形人要黃色喜帶紅忌青

土形人帶木形夭折伶仃作事無成．

土形人帶火形大佳

土形人帶火形大佳

毛

額上生毛幼必損母又主愚而尅妻女則尅夫

面上無毛貧窮走他鄉

耳內毫毛定是長生之客．

胸上生毛性躁

胸上毫毛必能成家若粗而多反主性暴．

胸上生毛性非寬大。

乳上生毛三根主吉生子貴。

背上生毛主勞苦。

手指生毛者好。

股肱無毛主破祖貧窮。

腿上無毛子孫不肖。

腿上生毛一生不犯官刑如軟而長者有福硬而粗者亦主官刑。

足面有毛家必殷實。

腳上多毛者好柔細者貴而祿粗大者賤而貧。

足生軟毛安樂。

腹大無毫空名虛利。

臍下穀道俱有毛一生不招陰病不畏鬼神。

穀道無毛一生貧窮。

陰毛廿一歲之內生宜黃宜軟主貴。

陰毛如亂草主賤亦主淫硬亦主賤。

陰毛生太早則夭生太遲則淫。

陰毛若長若黑乃刑殺之婦雖貴不久。

陰上無毛亦主淫賤。

陰毛逆生者主夫婦不相和睦。

行

貴人之行如水之流下而體不搖。

小人之行如火之炎上身輕腳重。

行太急則暴太緩則遲。

行能周旋不失其節進退各中其度者至貴之相也．

行而脚跟不至地者貧而夭．

行而發足如奔散走他鄉．

行則脚不欲折頭不欲低．

行發足欲急進身欲直起步欲闊．

相行須行十步卽喚回頭看其左轉則貴右轉則衣食欠周．

相行須令立定卽喚之擧足若先擧左足者貴先擧右足者賤．

行步自言自語者賤．

行步緩重當爲仁德．

貴人身重脚輕．

小人身輕脚重．

步促主孤窮．

行步而身不動積財有壽．

行而頭低及反顧曰狼行凶狠而心機難明．

行若頭低向前過步者其人必初年有餘末年不足．

食

食緩性和．

食急性暴．

食少而肥者性寬．

食遲者易瘦．

食急者易肥．

嚼物不欲怒．

含物不欲語．

仰首含物者．寒賤．

食而啄者貧窮．

斂口食者純和．

食而齒出者辛苦短命．

食欲快而不欲留．

食欲詳而不欲暴．

啜不欲聲．

吞不欲鳴．

女人飲食淋漓難貴．

食而細疾其貌如懼者曰鼠飱食而不嚼其貌如不足者曰猴食皆鄙吝奸狡之人也．

食淋漓而言露齒兩角垂而流涎皆貧賤之相也．

坐

坐而凝然不動者．爲貴．

坐而搖膝動者財散．

反身轉首入坐如狗不端不正貧薄之相．

坐欲如山

坐如山據者貴。

坐如釘石者富

臥

睡如龍之曲者貴人．

睡如狗之蟠者上相．

睡而開口者短命．

夢中咬牙者兵死．

睡中開眼者惡死．

睡中亂語者賤．

睡仰形如屍者貧苦短命．

臥中氣吼者愚而易死．

合面覆臥者餓死．

就牀便困者頑賤．

愛側臥者吉壽．

睡多展轉者性亂．

少睡者神清而貴．

多睡者神濁而賤．

臥易覺者聰明．

臥難醒者愚頑．

臥喘息調勻者命長．

臥出氣多而入氣少者短命．

臥而氣出噓噓之聲者卽死．

補遺

眉起骨主多刑子息．

眼大露光主犯刑死．

鼻起節主破家死在外鄉．

肥人面赤主性惡．

瘦人髮黃主多貪奸殺之徒．

現代簡易相法

有頭無項．三十歲前死．

項圓頭小頭偏頭削．一生不成事．如項再不圓．主少年死．

男女睛黃多躁急再露者犯刑名．

眼大常招陰人口舌．

男人細眉主得陰人財帛．

女人髮深多好色男人亦同．

男女有結喉者招惡夢．

眉輕口闊常招水驚．

耳間生黑子常招水驚．

眉生黑子招陰人口舌．

男女卷髮犯刑好色．

髮黃者下流之倫．

項背上生肉如堆．項後髮腳處生高肉如堆．眼深髮黃三者俱主犯人命．

眉梢開花運不通．

鬢尾開花多蹇滯．

眉生毛耳大小若犯此二件俱主外家養大．

眉垂耳低多是偏生庶出．

女耳無稜額削骨粗二者多主為妾．

婦女仰面多有奸淫．

男人垂頭一心貪酷．

身大手小一生不聚財身小手大一生下愚

面大婦人多不孝．

睛圓女子必妨夫．

面大鼻小之僕忠直與家旺主．

口闊脣紅多貪飲食。

肚小背陷一生無祿。

腰偏臍深多有邪淫。

目紅語結好色無窮。

眼大小鬚偏左。俱主懼內。

脣薄動者多奸不聚財不信行。

左肩高。主白手大富。右肩高。主大貧大苦。

脣靑主老來飢餓。

女人汗多主一生勞苦。

小兒齧齒主妨父母開口睡難養。

自言自語主招鬼迷亦壽夭。

女顴骨高於眼角上者主打夫。

現代簡易相法

女顴高大手骨粗能作生涯．

男眼中有痣聰敏女眼中有痣淫亂．

耳薄梁低嘴驕胸凸犯此四件主爲人奴四件全者一生爲奴不得人意．

少年神散卽死老者頭頂皮乾卽死女人脣白得病脣靑卽死小兒眼黑十無

九天。男子頭偏主無一成婦人脣白十無一子．

老來耳白主子貴老落鬚主尅子老不落髮主勞碌女不落髮主大壽．

龜頭黑色子早白色子遲準頭偏主賢子脚根削小主後代不如．

鬢生項下多得外家財產．

項下起骨節多主外家破耗．

痣上有毫定是家傑乳邊生毛子必淸高二三方好多皆爲草．

女人下脣包上一生口舌到老上脣包下主無子而又不賢．

女人開聲無韻主賤男人開聲無韻主貧

足指短足心陷足多骨三者犯一必主貧賤．

足生肉足生軟毛俱主一生安樂足紅潤主多貴．

男子髮粗多犯刑名女人髮粗刑夫尅子．

六指者多妨父一生不得顯榮．

身白面黃不久守困身黃面白不久身榮．

女人掌上有紋深方言有子男人陰囊上無紋必主絕嗣．

女人手起節骨一生辛勤主多賤．

女人頭圓主生好子男子額削一生不得顯達．

女無指甲一生下愚臍下生毛淫賤．

腹腰起一筋橫主貴直主貧青爲次赤爲貴男女俱宜橫忌直．

人長手短一生不成器．

女人齒朝外主刑傷朝內主孤孀．

女人面黑身白賤面斑身靑賤．

女相瘦人脣紅生子成羣瘦人脣白壽元短促．

黃面婦人多好色脣靑脣白決無兒

面上無寒毛貧窮逃外鄉

少年皮生黑斑主死．

小兒腰闊必有壽

老人生斑爲壽斑高黑方好平黃主貧．

凡人生肉先從腰上起方爲有用胸上面上生非好也．

老來多睡主死．

少年多睡主愚

忽然聲燥主重疾乾韻主死．

縱然氣色好脣白亦不好．

男女中年頂髮落老來最苦。

額上有紋主大破耗。

少年髮白主傷父母大不利。

魚尾有梅花紋主因妻破家有直紋大困窮。

準頭南方不忌偏惟忌曲書云南方無正土北方人忌偏偏左外家破偏右老來窮。

井竈鼻孔之部位曰井竈薄而能動一世休望聚財乃敗子也。

地閣有一處紋生一處田莊二處紋生二處田莊。

臥中大狂叫者主遭惡人死。

病人伏臥主生。

常人伏臥主死。

臥中嘆氣決非吉兆。

臥中切齒害子害妻。

臥中如吹火少年主刑死老來不善終。

凡肉瘤紅色佳白色不好生背後主富然亦不長久也。

面上生瘤主窮下身主賤。

面生黑子宜大宜高主貴若低小不壽。

眼生毛者宜軟宜細宜少多亂如草子孫不賢無毛子孫不孝。

四肢乾一年主死四肢潤三年主富。

老轉黑髮老生齒主壽然必刑子刑孫乃大孤獨相。

山林得一痣主得大財。

痣上生雙毫主生貴子。

臥蠶發紫色主生貴子。

年壽有一陷一缺或一紋一痕主成敗一次有二紋成敗二次。

眉間上下生白色主花酒亡身．

足底紋宜直不宜橫宜雙不宜交亂亂則刑子孫．

女子鴨脚多是姨婆男子鴨脚一生下愚．

現代簡易相法（虛白廬藏民國刊本）

民國二十九年初版

現代簡易相法　全一册

▲平裝紙面實價國幣六角

（外埠酌加郵費）

版權所有

翻印必究

著述者　韋千里

出版者　韋千里

總發行所　上海南京路大慶里三十四號　韋氏命苑

一九一

心一堂術數古籍珍本叢刊　第一輯書目